AF189185

Nebenbei durchstarten

-

Selbständig mit Kindern, Partner, Job, Haushalt, Freizeit & Co.

Teil 1: Fangt an!

Bibliografische Information der Deutschen Nationalbibliothek: Die Deutsche Nationalbibliothek verzeichnet diese Publikation in der Deutschen Nationalbibliografie; detaillierte bibliografische Daten sind im Internet über dnb.dnb.de abrufbar.

Herstellung und Verlag: BoD – Books on Demand, Norderstedt

ISBN:
9783744830355

EINLEITUNG

Was würdet ihr machen, wenn ihr sechs Wochen am Stück frei hättet? Wenn ihr sechs Wochen lang ortsungebunden mit euren Kindern verbringen könntet? Wenn ihr sechs Wochen lang die Wahl hättet, von wo aus ihr arbeitet? Wenn ihr sechs Wochen lang Zeit mit euren Liebsten verbringen könntet, ohne an das nächste Meeting im Büro zu denken?

Ich bin bei Instagram. Ihr vielleicht auch. Dort folgen mir immer mal Menschen, deren Profile nur Urlaubsbilder zeigen. Anfang bis Mitte Zwanzigjährige, die von „Erfolg im Internet" reden, von „Tu was du liebst", von „Träume nicht dein Leben, lebe deinen Traum." Und ich sitze dann zu Hause und denke mir: „Hey, bekomm du doch erstmal Kinder…"

Kennt ihr das?

Arbeitet einer von euch vielleicht nur Teilzeit, weil die Kita-Öffnungszeiten gar nichts anderes ermöglichen? Oder weil dir als Mama (Papas haben es da nach wie vor einfacher.) kein Vollzeitjob mehr zugetraut wird? Und wenn das Kind krank wird, was dann? Habt ihr dann ein schlechtes Gewissen gegenüber eurem Arbeitgeber? Weil das Kind stört?

Aber:

Stört nicht eher der Arbeitgeber beim Mama- oder Papasein? Stört nicht der Job bei der Selbstverwirklichung als Familie?

Es gab letztens einen Hashtag (der von einigen Mama-Bloggern auf Instagram verwendet wird), der meine Aufmerksamkeit erregt hat:

#unseralltagistihrekindheit

Wie wahr!

Aber sollte nicht eigentlich ihre Kindheit unser Alltag sein?

Wir brauchen also Lösungen, die uns etwas Flexibilität ermöglichen. Die uns ermöglichen, mehr Zeit als Familie und mit unseren Kindern zu verbringen. Die uns aber auch ermöglichen zu arbeiten und Geld zu verdienen. Selbständigkeit?

Einfach mal machen? Nicht reden, tun? All diese Aufrufe höre ich von den ungebundenen Mitte Zwanzigjährigen.

Aber „einfach mal machen" und gleichzeitig ausreichend Sicherheit (und sei es nur eine Krankenversicherung) für die Kinder bereitzuhalten, ist nicht so einfach.

Oder?

Wir suchen Wege, das Hamsterrad zu verlassen. Wir reden dabei nicht davon, nicht mehr arbeiten zu müssen, sondern Arbeit, Kinder, Familie, Partner, Haushalt und Freizeit sinnvoll miteinander zu verknüpfen und in jedem Bereich Freude und Lebensqualität zu empfinden.

Wir wollen nicht mehr denken „Endlich Wochenende!" oder „Noch 31 Jahre, dann endlich Rente!".

Wir leben JETZT! Mit unseren Kindern!

Wir wollen es schaffen, die Sommerferien (daher „sechs Wochen frei") komplett ortsunabhängig zu sein. Die Welt entdecken. Von anderen Ländern aus arbeiten. Unseren Kindern zeigen, dass sie nicht in der Schule sind, um zu lernen, wie man lebt um zu arbeiten. Es geht darum, das eigene Leben selbst in die Hand zu nehmen.

Die Möglichkeiten zu nutzen, die wir dank des Internets – des riesengroßen Zusammenschlusses so vieler Menschen und Kulturen – zur Verfügung haben.

Dieses Buch zeigt, wie auch ihr diesen Weg schaffen könnt.

Ihr müsst dabei nicht die gleichen Ziele haben wie wir. Vielleicht wollt ihr einfach neben eurem Job noch etwas hinzuverdienen. Vielleicht wollt ihr euren Alltag besser an den Alltag eurer Kinder anpassen? Vielleicht wollt ihr mehr Zeit für euch als Paar gewinnen, um mehr Energie für eure wertvolle Zeit als Familie zu haben?

Auch ihr könnt nebenbei durchstarten – trotz und mit Kindern, Partner, Job, Familie, Haushalt, Freizeit & Co.

Folgendes sollte euch jedoch klar sein:

1. Es wird nicht leicht.

2. Ihr werdet euch neu entdecken.

3. Es verändert sich nichts von heute auf morgen.

Falls ihr wissen wollt, wie wir mit vielen Kindern, zwei Jobs, einem Studium, Haushalt, Freizeit, Großeltern und Co. diesen Weg erleben, dann begleitet uns auf www.sechswochenfrei.de.

Eure Marlis

Ihr habt nur dieses eine Leben!

1
ÄNGSTE
ÜBERWINDEN

Nicht denken, sondern anfangen. Das habt ihr sicherlich schon einmal gehört oder gelesen. Und immer dann, wenn wir anfangen wollen, wird ein Kind krank. Immer dann, wenn andere ihre Blogartikel schreiben, müssen wir nach unseren Jobs noch Einkaufen fahren, eine Waschmaschine ausräumen, Wäsche zusammenlegen, den Kindern bei den Hausaufgaben helfen oder Herzschmerz lindern.

Wie also sollen wir anfangen?
In dem wir es tun.

Ernsthaft. Alles beginnt wortwörtlich mit dem ersten Schritt. Mit einem ersten Gedanken. Mit einem ersten „Ich würde gern." Wenn ihr solch einen Moment bei euch entdeckt, dann drückt kurz auf „Pause" und hört euren Gedanken zu.

Lasst sie zu euch durchdringen, lasst sie die Kinderstimmen und das Trockner-Rauschen übertönen und hört zu. Denn wenn erst solche Gedanken da sind, dann wird es einen Weg geben, diesen Gedanken zu folgen und dann wird es auch einen Weg geben, diesen Gedanken neben den Kindern, dem Job, dem Haushalt und der Zweisamkeit mit dem Partner zu folgen.

Wenn ihr etwas an eurem Leben ändern wollt, dann fangt an, es zu verändern.

Schon Stephen R. Covey beschreibt in seinem Buch „Die 7 Wege zur Effektivität", dass es einen inneren und äußeren Handlungsbereich gibt, in dem wir uns befinden.

Der äußere Bereich ist der Interessenbereich. Dieser Bereich beeinflusst unser Dasein. Er gibt uns Reize, auf die wir reagieren können. Interessen können zum Beispiel unsere Kinder sein, der Charakter unseres Chefs oder die Angst vor einem finanziellen Ruin. Diesen Bereich können wir nicht wirklich beeinflussen, doch er wirkt indirekt auf uns.

Der innere Bereich ist der Einflussbereich. Dieser Bereich besteht aus den Dingen, die wir aktiv (lt. Covey „pro-aktiv") beeinflussen können.

Was wollen wir machen?

Wie wollen wir sein?

Wer wollen wir sein?

Ihr erkennt sicherlich, dass wir hier unseren Wunsch nach Veränderung wiederfinden werden. Was können wir nun also machen?

Laut Covey ist es das Ziel, den inneren Einflussbereich zu vergrößern, um so den Interessenbereich zu verkleinern. Wie das geht?

Wir können selbst steuern, wie wir sein wollen, wer wir sein wollen und wie wir auf die Reize des Interessensbereich reagieren wollen.

Wir haben unsere Reaktion auf äußere Reize selbst in der Hand.

Genau da können wir ansetzen, um unsere Ängste vor einer Veränderung zu lösen, um unsere Kinder im Prozess mitzunehmen, um sich in der Partnerschaft weiter zu stärken.

Wir können unsere Einstellungen verändern, unsere Aufmerksamkeiten lenken und unsere positiven Gefühle verstärken.

Somit werdet ihr anders, im besten Fall entspannter und souveräner, in eurem Alltag agieren und euch ausreichend Freiräume schaffen, um eure langfristige Veränderung im Leben gemeinsam mit und für eure Kinder durchzuführen!

Selbstverständlich ist das nur eine kleine Interpretation des Weges zum pro-aktiven Handeln nach Covey, aber sie hilft uns an dieser Stelle.

Wir selbst haben meistens zwei Familienabende in der Woche. Zwei Abende, an denen wir gemeinsam mit den Kindern spielen, einen Film gucken oder einfach nur Pizza essend zusammensitzen. An zwei weiteren Abenden sind wir nur für uns als Paar da. Die Kinder essen etwas früher, so dass wir später gemeinsam essen und das Paar-Sein genießen. Wiederum an zwei Abenden arbeiten wir an unseren Zielen. Wir schreiben am Blog, an Konzepten, an Ideen und kümmern uns um Bürokratisches. Naja und der letzte Abend wird flexibel gefüllt.

Warum nur die Abende? Weil wir bis zum Abendessen Familienzeit haben. Wir sind draußen unterwegs, spielen, lachen, lernen oder schlendern durch die Gegend.

Wir befinden uns komplett in unserem Einflussbereich.

Wir wollen als Eltern und als Familie gemeinsam Zeit verbringen und bestimmen selbst, wie wir uns verhalten und gemeinsam entwickeln.

Wie sieht eure Woche aus? Ist sie immer chaotisch oder durchaus schon zufällig geordnet oder strikt durchgeplant? Notiert eure Familiengewohnheiten auf ein Blatt Papier. Seid ihr zufrieden damit? Wollt ihr etwas verändern? Fehlt Zeit für euch, für jeden Einzelnen oder für die Familie insgesamt? Versucht, euren Einflussbereich zu vergrößern und euch weniger von äußeren Reizen leiten zu lassen.

Ihr seid die Gestalter eures Lebens!
Habt Spaß dabei!

Ihr seid die Gestalter eures Lebens!

II
ZIELE SETZEN

Welche Ziele wollt ihr erreichen und wie findet man eigentlich die richtigen Ziele? Ich habe BWL studiert. Dort lernte ich, dass Ziele „smart" sein müssen:

S - spezifisch

M - messbar

A - aktionsorientiert

R - realistisch

T - terminiert

Ich habe auch gelernt, dass man vor allem das „R" wichtig nehmen soll. Ziele sollen realistisch sein. „Nimm dir lieber ein kleines, aber erreichbares Ziel als ein großes und unrealistisches.", sagen die Lehrbücher der BWL.

Schauen wir nun zu den Mitte Zwanzigjährigen auf Instagram. Sie veröffentlichen Erfolgsfotos, schreiben von großen Plänen und Visionen und was können wir von ihnen lernen?

Think Big!

Sucht euch große Ziele! Schiebt das vorsichtig-denken etwas beiseite. Wir müssen neu denken, uns etwas trauen, mutig sein und innovativ. Seid ihr noch dabei? Prima!

Hätten alle erfolgreichen Menschen sich nur kleine Ziele gesetzt, dann hätten sie nicht so viel bewegt und erreicht.

Was wollt ihr erreichen? Schreibt es auf!

Nicht einfach nur auf einen kleinen Zettel oder an eine Stelle in eurem Kalender. Schreibt es oft auf! Notiert euch eure Ziele auf kleine Zettel oder Post-Its. Verwendet Wörter oder vielleicht auch Bilder, Situationen, Fotos, Zeitschriftenüberschriften, etc. Nehmt euch einen gemeinsamen Abend und klebt, schreibt und bastelt euch eure eigenen Ziel-Zettel.

Lenkt eure Aufmerksamkeit auf eure Ziele!

Damit meine ich: Verteilt eure Zettel oder Post-Its überall in der Wohnung. Hängt sie an euren Kühlschrank, legt sie auf den Nachttisch, neben den Schlüsselkasten, neben den Spiegel, neben eure Toilette und so weiter. Sucht euch Stellen aus, an denen ihr oft vorbeigeht oder an denen ihr oft verweilt (Stichwort Toilette).

Das ist euer Anfang.

Je öfter ihr eure Ziele seht und lest, desto häufiger werdet ihr automatisch darüber nachdenken.

Ihr werdet eure Aufmerksamkeit damit füttern und diese wird euch lenken.

Ihr werdet sehen: Am Zeitschriftenregal lest ihr plötzlich für euch relevante Überschriften, im Fernsehen hört ihr plötzlich für euch relevante Beiträge, im Internet stolpert ihr plötzlich über für euch interessante Blogs und Social-Media-Accounts.

Ihr werdet öfter über eure Ziele reden, euch Gedanken darüber machen und damit fast automatisch den Zielen immer näher kommen.

ES GIBT keine Ausreden!

III

PLAN B MACHEN

Und da war sie wieder. Die Angst. Die Zweifel. Die Sorgen. Was passiert, wenn wir nun nebenbei starten und es klappt nicht? Was passiert, wenn wir uns selbstständig machen und wir nichts verdienen?

Bei vielen jungen Gründern klingt das immer so einfach. Sie gründen aus der WG heraus oder beginnen eine Selbständigkeit im Zimmer bei ihren Eltern. Und wir? Wir wohnen in einer eigenen Wohnung mit unseren Kindern, wir haben monatliche Fixkosten für Kindergarten, Schulverpflegung und Kinderkleidung. Auch wenn wir vielleicht eine Weile mit wenig und einfachem Essen auskommen, wollen wir unseren Kindern doch etwas halbwegs Gesundes auf den Tisch stellen. Wie also können wir den Mut finden, etwas Eigenes zu starten?

Nun, an dieser Stelle möchte ich sagen, dass es gerade mit Kindern sinnvoll ist, vorerst nebenbei selbständig zu sein und weiterhin angestellt zu bleiben. Das bietet nicht nur finanzielle Sicherheit sondern reduziert auch erstmal finanzielle Zusatzkosten, z.B. für eine eventuelle, private Krankenversicherung für euch und die Kinder. Vorstellbar ist auch, dass einer von euch weiterhin Vollzeit arbeiten geht und der Andere sich selbständig macht und nebenher unabhängiges Geld verdient.

Stellt euch bei allen Zweifeln und Sorgen immer die Frage:

Was kann schon schief gehen?

Nehmt euch wieder einen Zettel und überlegt, was ihr machen werdet, wenn euer Plan nicht aufgeht.

Wie könnt ihr die Minimalkosten für euch und eure Familie aufbringen? Während kinderlose Durchstarter im Worst Case Szenario einfach wieder auf die Couch bei ihren Eltern einziehen können, wollt ihr diese Option vermutlich nicht mit euren Kindern ins Auge fassen. Überlegt euch also, wie das Worst Case Szenario für euch aussehen kann.

Macht euch einen Plan B!

Gibt es bei euren Eltern vielleicht 2-3 leere Kinderzimmer, die ihr im Notfall nutzen könnt? Haben Freunde eine Ferienwohnung, die sie euch übergangsweise zur Verfügung stellen könnten? Könnt ihr auf Arbeitslosengeld zurückgreifen? Könntet ihr euer Auto vorerst abmelden, bis ihr wieder liquide seid? Könnt ihr bei Freunden in Unternehmen einige Assistenzarbeiten übernehmen, um euch über Wasser zu halten? Denkt verschiedene Szenarien durch und schreibt euch euren Worst Case Szenario Plan auf.

Nun lest ihn noch einmal durch. Ich vermute, ihr habt für alle möglichen Probleme eine Lösung gefunden. Eine, die vielleicht nicht eurem Traum vom Leben entspricht, aber eine, die euch und eure Kinder eine Weile lang überleben lässt, bis ihr neue Jobs oder eine neue Idee habt.

Und wisst ihr, was ihr daraus lernt? Ihr braucht gar keine Angst haben vor einem Neustart! Holt euch eure Liebsten, seien es Eltern oder beste Freunde, mit ins Boot und lasst euch auffangen, falls ihr fallen solltet.

Aber wisst ihr, was?

Die Meisten scheitern,
weil sie gar nicht erst anfangen!

IV
AUFMERKSAMKEIT FÜTTERN

Seid ihr noch dabei? Ihr habt nun euer Ziel und einen Worst Case Szenario Plan.

Legen wir also los!

Wenn ihr etwas verändern wollt, dann müsst ihr damit anfangen.

Neue Wege entstehen beim Gehen.

Ich habe Podcasts für mich entdeckt. Ich höre sie ständig. Auf dem Weg ins Büro und zurück nach Hause, beim Wäsche aufhängen, beim Wäsche sortieren, beim Geschirrspüler ausräumen, beim Kochen, usw.

Ich nutze dafür die App „Podcast Addict" für Android. Man kann dort über Stichworte Podcasts finden, abonnieren und zu einer Playlist hinzufügen. Das Beste: Man kann sogar einstellen, dass die Podcasts, oder immer nur ein oder zwei Folgen eines Podcasts, lokal heruntergeladen werden sollen und dann hört man unterwegs die gespeicherten Streams und benötigt keine mobile Internetverbindung dazu.

Gerade für den Start in ein eigenes Business, zum Ideen finden, Inspirationen sammeln, Mut fassen und um sich Strategien anzueignen, gibt es ganz wundervolle Podcasts.

Wissen ist das wertvollste Gut auf dieser Erde.

Meine kleine TOP 3 Lieblingsauswahl:

- „Smart Entrepreneur Radio" von Matthew Mockridge

- „Smart Performance Podcast" von Primal State

- „In good health" von Dr. Jana Scharfenberg

Hört ruhig mal rein! Am Ende wiederholen sich die Aussagen und die Mantras bei vielen der Podcaster. Aber das ist ja nicht schlimm. Es ist, wie mit euren Zielzetteln, die ihr verteilen sollt: Je öfter ihr etwas hört, desto mehr füttert ihr eure Aufmerksamkeit damit!

Also her mit den Wiederholungen!

Füttert eure Aufmerksamkeit zusätzlich mit Büchern, sei es in gedruckter Form (ich lese gern beim Zähne putzen) oder als Hörbuch.

Meine TOP 3 Buch-Empfehlungen:

- „Die 4-Stunden-Woche" von Tim Ferris

- „Die 7 Wege zur Effektivität" von Stephen R. Covey

- „Kopf schlägt Kapital" von Günter Faltin

Bitte fallt jedoch nicht auf Versprechungen hinein. In 6 Wochen fünfstellige Umsätze generieren, in 10 Wochen finanziell unabhängig sein, in 4 Wochen 30 neue Kunden generieren; all das mögen einige Leute geschafft haben. Aber Erstens: Das war verdammt harte Arbeit. Und Zweitens: Ihr habt eine Familie und keine Zeit, euch 16 Stunden je Tag um eure Ziele zu kümmern.

#familyfirst

Dennoch: Von nichts kommt nichts. Arbeitet jeden Tag an der besten Version von euch! Bildet euch und lernt jeden Tag!

MIT Mut

FANGEN DIE SCHÖNSTEN DINGE AN!

V
GLEICHGESINNTE FINDEN

Dieser blöde Alltag! Jetzt habt ihr euer Ziel und eure Ideen. Ihr lest, ihr hört Podcasts, ihr arbeitet an Produkten, an Ideen, an Strategien und dann wird das Kind krank. Und nun?

Manchmal ist es schwer, Kraft für seine eigenen Ziele aufzubringen. Gerade wenn das eigene Handeln so oft durch Dritte mitbestimmt wird.

Ihr erinnert euch sicher an den Anfang des Buches. Wir sind nun einmal nicht alleine. Wir haben Verantwortung für unsere Kinder. Sie brauchen uns und zwar oft auch ungeplant.

Dranbleiben wird die größte Herausforderung für uns.

Vielleicht ist ja doch bequemer, abends auf der Couch zu sitzen und nicht noch an sich selbst oder seiner Zukunft arbeiten zu müssen. Vielleicht ist der Job ja doch gar nicht so schlecht.

Vielleicht reicht das Geld ja doch irgendwie.

Aber wisst ihr was? Ich habe jetzt drei schlaue Sprüche für euch:

1. Irgendwann ist für irgendwann zu spät!

2. Es gibt zwei Dinge, die nie wiederkommen: 1. Entgangene Chancen und 2. Zeit

3. Scheitern ist nicht das Gegenteil von Erfolg. Es ist ein Teil davon.

Ernsthaft. Dies wird kein einfacher Weg.

Und aus diesem Grund ist es gut und wichtig, Gleichgesinnte zu finden. Es gibt z.B. die Strategie des Motivations-Buddys. Dabei wählt ihr euch einen Freund oder eine Freundin, die ähnliches vor hat, wie ihr und ihr telefoniert einmal die Woche verbindlich. Ihr erzählt euch dabei, wie eure Woche gelaufen ist, was gut lief und was nicht und was ihr für die kommende Woche plant.

Ihr erhaltet dadurch Feedback von außen und vielleicht auch nochmal einen anderen Blick auf eure Ideen und ihr habt gleich einen Grund, euren inneren Schweinehund zu überwinden, denn sicherlich wollt ihr nicht ein, zwei oder gar drei Wochen nacheinander erzählen, dass ihr eure gesetzten Wochenziele nicht erreicht habt, oder?

Werdet zudem in Social Media aktiv. Es gibt viele interessante Facebook-Gruppen, in denen sich Gleichgesinnte austauschen.

Oftmals sind es geschlossene Gruppen, d.h. alles was ihr da schreibt, sehen nur die anderen Gruppenmitglieder und niemand aus eurer Freundesliste (es sei denn der- oder diejenige ist auch in der Gruppe Mitglied). Ich habe mit Facebook-Gruppen bisher nur gute Erfahrungen gemacht. Ich empfehle die „Digitale Nomaden"-Gruppe. Hier findet ein kollegialer Austausch auf Augenhöhe statt. Neulingen wird geholfen, es werden Tipps ausgetauscht und auch Erfahrungen weitergegeben.

Findet weitere Facebook-Gruppen für eure Themen und passend zu euren Zielen!

Nutzt auch Instagram. Man mag von den Mitte Zwanzigjährigen halten, was man will, aber ihre Erfolgs- und Motivationssprüche sind gut. Auch hier gilt wieder: Je öfter man etwas sieht, desto eher lenkt man die Aufmerksamkeit in die richtige Richtung.

Wagt Interaktion in Social Media. Beteiligt euch an Fragerunden. Ich bin mir sicher, dass auch ihr bereits jetzt Anderen zu bestimmten Themen helfen könnt!

Schaut auch in die Facebook-Veranstaltungen in eurer Nähe. Vielleicht gibt es Gründerstammtische oder ähnliches. Macht mit und lernt. Habt keine Angst zu Scheitern! Bleibt dran und wachst gemeinsam.

VI

STARTEN

Wie geht es euch jetzt? Habt ihr Ideen im Kopf, Träume, Ziele und Mut? Bestens!

Bleibt dran!

Wir haben die Möglichkeiten und das Potential, wir selbst zu sein. Und wir sind unseren Kindern schuldig, wir selbst zu sein!

Lebt euer Leben, ich meine: EUER Leben.

Viel Spaß beim Anfangen!

ÜBER DEN AUTOR

Marlis ist Mitte Dreißig und lebt mit ihrem Mann und vielen Kindern zusammen in der Mitte Deutschlands. Nach fast zwanzig Jahren Angestellten-Dasein muss sich etwas ändern, hat sie beschlossen und gemeinsam mit ihrer Familie möchte sie neue Wege finden, zu arbeiten und Geld zu verdienen. Trotz der Schulpflicht in Deutschland möchte sie ihren Kindern so oft wie möglich die Schönheit dieser Welt zeigen. Auf der Suche nach Gleichgesinnten fühlt sie sich noch etwas allein. Viele der Frei-Werder sind entweder kinderlos oder haben keine Kinder im schulpflichtigen Alter. Sie freut sich daher immer über Post von Familien, denen es ähnlich geht an mail@sechswochenfrei.de.